DE LA
SEPTENNALITÉ.

DE L'IMPRIMERIE D'A. ÉGRON,

rue des Noyers, n⁰ 37.

DE LA
SEPTENNALITÉ.

PAR

LE COMTE E. DE MONTLIVAULT,

ANCIEN OFFICIER DE MARINE,

Auteur des *Considérations sur le renouvellement par cinquième de la Chambre des Députés, au commencement de la session de 1823.*

A PARIS,

CHEZ A. ÉGRON, IMPRIMEUR-LIBRAIRE,

RUE DES NOYERS, Nº 37 ;

ET CHEZ TOUS LES LIBRAIRES DU PALAIS-ROYAL.

Avril 1824.

DE LA

SEPTENNALITÉ.

Une nouvelle Chambre des Députés, convoquée par l'ordre du Roi, vient de se réunir et d'offrir enfin à la France et à l'Europe le spectacle d'une Chambre toute royaliste, car le peu de membres envoyés par le parti libéral est numériquement si insignifiant, qu'il ne peut, sur aucune question, être compté pour rien dans la balance. Rassemblée conformément au mode établi par la Charte, il était de notoriété assez publique que l'intention de son auguste auteur et les efforts de son ministère seraient d'obtenir le concours de la législature dans cette session pour la réforme indispensable du renouvellement par cinquième, reconnu peu propre à la marche des affaires et à l'ensemble du gouvernement, en y substituant le renouvellement intégral pour un nombre déterminé d'années, et, par cette opération, faire concorder deux articles de la Charte dont le texte littéral paraît en opposition. Le discours de Sa Majesté n'a plus laissé de doute à ce sujet.

Au commencement de 1823, je publiai des Considérations sur ce sujet, et je crus devoir hasarder quelques idées sur le renouvellement intégral de la Chambre des Députés, soit pour cinq ans, soit pour sept ans. Dans mon opinion cependant, le dernier terme me paroît bien préférable pour obtenir de la suite dans les plans et les opérations administratives et de l'unité dans l'action, dont la fréquence des élections nous détournait sans cesse : au reste, il est bon d'observer que la Couronne, en faisant indubitablement usage de son droit de dissoudre la Chambre, au moins à la dernière année, réduirait les sessions des députés à six ans au plus. J'étais loin, en livrant ces réflexions au public, d'espérer que ce mode fût aussi promptement adopté dans la pensée du gouvernement et sitôt soumis à la discussion de la législature. Cette idée, il est vrai, n'était pas nouvelle : elle couvait depuis long-temps dans toutes les têtes politiques, et depuis long-temps le besoin de fixité se faisait, à chaque session, plus impérieusement sentir : mais, ce qui pourroit paraître singulier à tout homme qui ne connaîtrait pas la nature du gouvernement représentatif, c'est qu'à cette époque, cette petite brochure m'ayant mis accidentellement en rapport avec une foule de gens de toutes les nuances d'opinion, je ne trouvai pas un seul opposant, pas une seule objection, tant cette idée, considérée abstractivement et dégagée de tout intérêt privé, paraissait claire et positive. Sa fortune a changé depuis; cette question étant devenue d'un intérêt général, les opinions ont commencé à biaiser un peu, puis à diverger complétement. La cause n'en est pas difficile à assigner : c'est que peu de gens envisagent ces sortes de questions sous leur point de vue réel, mais les jugent communément sur les conséquences qu'elles doivent entraîner pour ou contre leurs projets secrets, en faveur ou au détriment de leur cause ou de celle de leurs amis. Les opposans se divisent ordinairement en deux classes bien distinctes, celle que l'amitié égare et dont le cœur parle plus haut que le jugement, et celle qui impose volontairement silence à sa conscience. Or, il se trouve précisément que cette fixité, le but avoué et incontestable de cette mesure, est la cause manifeste de cette double espèce d'opposition. Les uns la redoutent dans la composition d'un ministère qui leur déplaît; les autres dans la forme même d'un gouvernement qu'ils voudraient renverser. Les uns alors désespèrent de la chute de la monarchie, et les autres d'un ministère qui les offusque et qui, débarrassé de sa plus grande entrave et d'un frisson annuel de plusieurs mois, pourra marcher plus sûrement et plus librement. Il est donc présumable et à peu près certain que cette proposition trouvera des adversaires parmi ceux mêmes à qui elle pourrait être le plus utile un jour (1).

La question cependant n'est pas de savoir si cette mesure doit être *funeste* ou *avantageuse* au ministère qui la propose, mais si elle sera *utile* ou *nuisible* aux intérêts de la monarchie : c'est le seul résultat auquel nous devions nous attacher ; et s'il est juste de dire que l'intérêt particulier que

---

(1) Dans le système représentatif, le corps politique est un jeune homme qu'un père tendre laisse aux soins d'un ou plusieurs médecins, chargés de veiller sur la santé de cet enfant chéri. D'autres enfans d'Esculape, dans l'intérêt sincère qu'ils prennent à ce jeune homme, se permettent de censurer de temps à autre le système d'hygiène suivi par les premiers : voilà l'opposition telle que le gouvernement représentatif la conçoit et l'admet. Que dirait-on si une troupe d'empiriques, prétendus docteurs, venaient aussi, frondant le système, proposer au père l'admission dans le régime diététique de son fils de quelques-unes de ces combinaisons chimiques dont l'effet, plus ou moins prompt, est toujours certain ? N'y reconnaîtrait-on pas le caractère d'une autre opposition ? En un mot, la première se compose des plus ardens rivaux de l'administration ; la seconde ne nous offre que des ennemis implacables de la monarchie.

les ministres pourroient en retirer ne serait pas à lui seul un motif suffisant pour la faire adopter par leurs amis, de même ne doit-il pas être un motif d'exclusion pour leurs adversaires. La vérité existe par elle-même, il ne dépend pas des hommes de déplacer ses indestructibles fondemens. Et où en serions nous donc, si nous nous débattions ainsi dans le vague, ne jugeant une question d'Etat que sur nos liaisons ou notre intérêt particulier? Une proposition est bonne en soi, ou elle est mauvaise; et celles qui ne sont ni l'une ni l'autre ne font pas de bruit. On peut donc se livrer à un examen approfondi sur cette question, car nous ne vivons plus au temps où les bons principes semblaient s'être réfugiés dans la bouche et dans le cœur d'un petit nombre d'hommes qui combattaient avec un égal courage sur le seuil de la monarchie et de la patrie, pour la préserver de l'invasion des plus funestes doctrines et des plus dangereuses machinations, où un gouvernement que je n'ose qualifier, sans égard pour les vérités d'un ordre éternel, se déclarait sans cesse pour des résultats faux ou pernicieux, et sans cesse comprimant les gens de bien, sans satisfaire complétement leurs adversaires, n'en menait pas moins rapidement l'Etat à une perte certaine (1).

____

(1) On eût dit d'une assemblée de calculateurs, dont une

« Le renouvellement intégral est-il donc pré-
« férable au renouvellement partiel, et dans ce
« cas, quel doit être le terme légal des fonctions
« de la même députation, le cas de dissolution
« excepté, comme dévolu de droit à la Cou-
« ronne? » Pour résoudre cette question, il me
semble nécessaire d'examiner la nature, l'origine
et les effets du renouvellement partiel. D'abord il
est certain que cette conception appartient ex-
clusivement au gouvernement impérial. On n'en
retrouve d'exemple, que je sache, dans aucune
des législatures qui ont précédé son *Corps Légis-*
latif, soit en France, en Angleterre, en Amérique,
en Sicile, etc. Partout enfin où une législature s'est
trouvée réunie, les députations ont été intégrales.
On se tromperait néanmoins si l'on pensait que
mon intention est de blâmer le mode de renouvellement, dans le système de gouvernement de
Buonaparte : loin de là : *Buonaparte* redoutait

---

petite portion eût soutenu avec calme et persévérance que
cinq et cinq font *dix*, tandis que leurs nombreux adversaires eussent affirmé avec violence que cinq et cinq font
huit : alors une majorité mitoyenne, d'après les inductions
de ses chefs, aurait décidé dans sa sagesse que cinq et cinq
font réellement *neuf*. Résultat ridicule, qui eût également
blessé les lois du calcul et de l'éternelle vérité !

les formes populaires comme tout ce qui pouvait compromettre et ébranler sa puissance : mais, obligé de céder aux circonstances et aux réclamations de ceux qui lui avaient fait le sacrifice d'une république *impossible*, aux conditions d'une monarchie *inévitable*, mais représentative, il voulut tenir sa parole d'un côté, et de l'autre retenir son pouvoir. En conséquence, il imagina d'abord le fantôme de représentation *muet et invisible*, qui ne pouvant émettre aucune opinion, ne pouvait jeter le trouble et la division dans les esprits. Tranquille sur ce point, le seul qui pût devenir redoutable pour lui, était la réunion simultanée d'un trop grand nombre de citoyens. Un renouvellement partiel lui parut alors un moyen tout propre à éluder le danger. Il faut remarquer que, dans son système électif, le premier degré d'élection, et le seul qui fût à craindre, réunissait une immense quantité de citoyens. A l'aide donc de ce mode partiel, les quatre cinquièmes de la France ignoraient complétement ce qui se passait dans l'autre. Les journaux étaient dans la main du gouvernement, et ceux qui font le plus de bruit en ce moment donnaient alors l'exemple d'une soumission absolue; d'ailleurs, quel intérêt eût-on pris à ces opérations? comment se passionner pour l'élection de tel ou tel personnage, lorsqu'il n'a pu trouver une seule occasion de se rendre cher ou recommandable à ses concitoyens, d'exciter enfin leur enthousiasme par ses talens, sa loyauté ou son courage ? Le Corps Législatif, en outre, était soldé, ce qui calmait la plupart des ambitions et assurait une majorité non douteuse et bien sourde à l'intrigue. Il eût donc été difficile, dans les temps ordinaires, de mettre en action cette masse à la fois *sourde et muette*. Ajoutez enfin que les ministres n'étaient responsables qu'à l'empereur lui-même, ce qui les mettait bien à leur aise.

Ce mode, qui fut sans inconvénient et présentait même de grands avantages sous le régime impérial, pour un corps qui délibérait dans le silence, sans témoins, et pour ainsi dire à l'insu de la France, est devenu funeste au système représentatif tel que la Charte l'a conçu. La Chambre des Députés, constituée comme elle l'est depuis cette époque, délibère à haute voix, en présence d'un nombreux auditoire, et, par l'intermédiaire des journaux , en face de toute la France et même de l'Europe. Il existe donc une immense différence entre l'ancien Corps Législatif, dont les muettes majorités ne furent jamais un sujet d'inquiétude pour le Gouvernement, (un seul cas excepté), et cette Chambre des Députés dont la tribune, séjour des orages et des passions les plus opposées, admet les opinions les plus divergentes et semble légitimer tous les écarts. Magique et incompréhensible effet du regard public qui transforme tout-à-coup l'homme qui opinait, dans le silence, à huis clos, en un orateur brillant ou fougueux, avide de gloire s'il est homme de bien, amant de la célébrité, s'il n'est que vain et léger, factieux et capable de tout renverser, s'il n'est qu'envieux et avide. Ce n'est donc que par une masse imposante d'opinions, dans l'une et l'autre Chambre, revêtue du sceau de l'approbation royale, que l'on peut espérer, dans ce système de Gouvernement, de régir un peuple que jusqu'ici ses antiques lois et ses mœurs n'avaient pas accoutumé à ces formes populaires et souvent scandaleuses. Mais où trouver cette masse, ce solide faisceau des saines opinions, autre part que dans une majorité nombreuse, qui pleine de confiance dans les ministres qui ont su réunir le vœu des Chambres à l'honorable choix du Monarque, soutient d'une manière inébranlable le système d'administration qui lui paraît le plus conforme aux lois existantes et à la prospérité du royaume! C'est elle qui constitue l'essence et la puissance réelle de ce Gouvernement, et non les majorités mesquines et pour ainsi dire microscopiques, qui nécessitent la plus scrupuleuse attention des scrutateurs; expression dérisoire de l'opinion publique,

surtout si l'on veut faire la part des complaisans
et des intéressés. La France en a fait la funeste
épreuve pendant quelques années, et Dieu sait où
nous eût conduits cette lutte de l'ignorance ou de
la perfidie avec les principes éternels de l'honneur
et de la loyauté! Mais enfin cette imposante majorité s'est déjà montrée à deux époques différentes, et semblait promettre les plus heureux
résultats. Foudroyée en 1815, elle a reparu en
1822, et tout semblait annoncer sa ferme durée
mais comment espérer qu'elle puisse résister aux
secousses périodiques d'un renouvellement annuel! Si les plus zélés soutiens d'un ministère ne
disparaissent pas toujours dans cette fréquente
lutte des élections, au moins de nouvelles combinaisons se présentent à chaque session : de
chances nouvelles s'offrent tout-à-conp et vien-
nent flatter la sourde ambition de quelques rivaux, qui écrasés sous le poids d'une majorit
dont ils faisaient partie naguère, n'eussent jamai
osé songer dans cette nouvelle combinaison à un
scission toujours funeste quand le génie du me
est à la porte.

Chancelant tout-à-coup sur cette base mobile
le ministère se voit dans la nécessité de faire usag
de toutes ses ressources pour cimenter de nouvea
une union indispensable. Les entrevues, les ne

gociations, les rapprochemens , les concessions
mêmes, toujours plus ou moins fatales à l'unité
d'action dans le Gouvernement, tous les moyens
de persuasion enfin sont mis en jeu. S'ils sont in-
suffisans, que lui reste-t-il à faire? Rapprocher les
opinions par les intérêts, caresser l'amour-propre
des uns, satisfaire l'ambition de quelques autres,
et l'on ne sait que trop que ce moment devient
celui des faveurs arrachées au besoin impérieux
de conserver son existence. Si cependant tous
ses soins, toutes ses prodigalités sont inutiles, il
tombe, et lègue la difficulté à ceux qui le rem-
placent : s'il réussit, son existence est assurée jusqu'à la session prochaine, où l'embarras renaît et
augmente par l'espoir toujours croissant de rivaux
qui l'ont déjà vu prêt à succomber.

A aucune époque, le vice radical du renouvellement par cinquième ne parut aussi à découvert
qu'à l'ouverture de la dernière session, où l'on a
vu la majorité la plus compacte, la plus unie de
cœur et de sentimens, les plus courageux défen-
seurs de l'ordre social, les plus vaillans champions
des doctrines morales, religieuses et politiques se
diviser tout-à-coup et ébranler ainsi les fondemens
du Gouvernement représentatif. Le spectateur in-
terdit jetait avec douleur ses yeux de l'un et de
l'autre côté; il apercevait, rangés sous des bannières

différentes, ceux qui, jusqu'à ce jour, s'étaient acquis un droit égal à sa reconnaissance et à son admiration. Si la simple retraite de Patrocle et d'Achille paralysa si long-temps les efforts des Grecs, qu'eût-ce donc été s'ils eussent tourné leurs armes contre celles d'Ajax et Diomède? Les Troyens eussent poussé des cris de joie et bientôt de victoire ; la Grèce eût perdu sa cause. Ah! songeons au moins à ne plus compromettre la nôtre.

Suivons donc un peu les effets et les résultats de cette crise que l'on a si bien nommée, *fièvre électorale* ; expression qui, pour le dire en passant, dénote clairement un état de maladie. D'abord, dans les départemens appelés à renouveler leur députation, l'intrigue se montre aussitôt : l'effervescense des partis opposés monte souvent au plus haut degré, et le cinquième de la France se trouvant nécessairement dans ce cas, il en résulte, de la part du Gouvernement, des précautions administratives, comme les changemens de préfets, les dispositions de troupes ou de gendarmerie, etc. Le mal n'est cependant pas précisément dans cet état de choses, qui, dans le système d'un parlement septennal, aurait également lieu tous les sept ans : mais il est dans le reste de la France, qui ne peut s'empêcher d'y prendre un vif intérêt.

Le théâtre n'occupe qu'un cinquième du royaume, il est vrai, mais les quatre autres assistent à la représentation d'une pièce qui touche à ce qu'ils ont de plus cher, enflamme et exalte leurs passions. Ils forment des vœux opposés pour tel ou tel héros de ce drame, et la fréquence de cette situation est absolument contraire au calme des opinions, à la paix et au bon ordre. Si les époques étaient éloignées de sept années, les esprits auraient le temps de se rasseoir, l'opinion de se former dans le silence des passions, et même je pense que l'élection simultanée dans tous les départemens n'y produirait pas plus d'inconvéniens que l'élection partielle : car alors chaque département étant acteur, il n'y aurait plus de spectateurs ; l'exaltation des partis n'y serait pas plus à craindre, si tant est qu'au bout d'un si long intervalle la véritable opinion publique n'eût pas encore eu le temps de se former. Je pense donc que le trop fréquent exercice de cette portion de la souveraineté est plus nuisible que favorable à la tranquillité d'un État, et qu'il nuit à la formation d'un véritable esprit public.

Considérons actuellement les conséquences de ce renouvellement par cinquième à l'égard du ministère lui-même. La première de toutes est d'entraver les soins de l'administration pendant trois mois au moins, pour calculer et combiner toutes les chances favorables à son système d'élection ; 2°. pendant six semaines, pour sonder et essayer respectivement ses forces au moment de l'ouverture de la session ; si vous ajoutez à cela le temps indispensable de la session elle-même, qui ne peut guère être moindre de quatre ou cinq mois, vous verrez qu'un ministre, qui pourrait en outre prendre l'engagement de n'être jamais malade, n'a pas réellement plus de trois mois à se livrer entièrement à son travail. Tout le reste est employé à défendre ses actes ou sa place : ce qui explique assez l'importance des sous-ordres, et la nécessité des sous-secrétaires d'État ; 3°. un ministère qui ne peut sans démence compter sur un avenir certain, ne peut aussi concevoir et exécuter que des plans éphémères et à courte vue : il marche en tâtonnant et sans confiance. Il est tel homme qui porterait la France au plus haut point de gloire et de prospérité, si on lui assurait dix années de ministère, et qui passera peut-être sur le banc des ministres sans y être à peine remarqué. C'est donc le temps, lui qui féconde et développe les grandes idées, c'est ce puissant auxiliaire, qui manque et qui manquera toujours à nos hommes d'État, tant qu'ils demeureront exposés à cette lutte périodique et seront tourmentés de ce renouvellement de la Chambre par cinquième.

Pourquoi ce court espace de temps écoulé depuis l'établissement de la Charte offre-t-il déjà un plus grand nombre de ministres que n'en présentent les soixante et douze années du règne de Louis XIV ? Est-ce donc incapacité de leur part? Certes, sans être ici taxé de flatterie pour des gens qui ne sont plus en place, on peut affirmer que dans cette foule de ministres éphémères, il s'est rencontré quelques grands talents et de véritables hommes d'État, et qu'à leur place, les Louvois et les Colbert n'eussent peut-être pas été plus heureux ; mais, on ne saurait trop le répéter, dans le système représentatif, un ministère est le résultat combiné de la volonté du Monarque et de la majorité des Chambres. Si donc l'une de ces deux causes coefficientes vient à manquer ou à varier sensiblement, une nouvelle combinaison doit en être la conséquence inévitable. Or, chaque année, le renouvellement par cinquième vient troubler l'union de ces majorités, déjouer tous les plans, faire présumer ou opérer un changement total dans la composition, et par conséquent dans la marche de l'administration. La même cause doit enfanter éternellement le même résultat, à moins que la puissance législative n'intervienne, et c'est elle dont il faut implorer le secours, puisqu'elle seule peut y appliquer le remède.

Je conclus donc à ce que le renouvellement par cinquième était parfaitement en harmonie avec le *système* entier de représentation du gouvernement impérial, et tendait à en rendre les secousses aussi légères que possibles; mais dans un *système de choses* tout doit être corrélatif, et le renouvellemeut partiel devient dans le nôtre tout-à-fait vicieux : ses inconvénients sont graves; il cause presqu'autant d'ébranlement que l'élection totale, et je dois supposer que le mode qui, bien évidemment, ne fut pas une conception de l'auteur de la Charte, fut bien plutôt une généreuse condescendance de sa part, pour innover le moins possible. Mais l'expérience a parlé; l'auguste auteur de la Charte a entendu sa voix. Qui mieux que lui a le droit de soumettre aux Chambres, dans les formes que lui-même a établies, une question qui touche d'aussi près au bonheur de ses peuples et à l'intérêt de sa couronne ?

L'objection principale sera sans doute tirée de la disposition formelle de l'article 37 de la Charte : elle est puissante, j'en conviens; mais le salut de la Charte elle-même n'est pas moins puissant, et doit, à coup sûr, l'emporter sur l'existence d'un seul article, accordé peut-être, comme je l'ai déjà dit, au désir de faire le moins d'innovations possibles à l'époque où elle fut octroyée. Les motifs qui peuvent déterminer la puissance législative sont grands, comme on le voit. Je dirai plus, ils sont impérieux ; car il faut enfin mettre la lettre de la Charte d'accord avec son esprit, et telle erreur pourrait s'y être glissée, qui n'a pu évidemment être dans l'intention de son auguste auteur, ni même d'aucun de ses conseillers à cette époque. L'article 37 dit formellement : *Les Députés des départemens seront élus pour cinq ans, et de manière que la Chambre soit renouvelée chaque année par cinquième.*

L'article 50 dit : *Le Roi peut dissoudre la Chambre des Deputés des départemens.*

Or, le droit de dissoudre la Chambre, si précieux pour la sûreté de la couronne, et par conséquent pour le bien de l'État, entraîne, comme on le sait, la nécessité d'en convoquer une autre, dont les membres, c'est-à-dire les Députés des départemens, sont, aux termes précis de la Charte, *élus pour cinq ans ;* mais néanmoins par la rotation obligée du cinquième, les premiers sortans n'ont réellement été en fonction qu'une seule année; les seconds, deux années, et ainsi de suite, jusqu'à la cinquième série, qui seule peut remplir la lettre textuelle de la Charte : et alors, si S. M. ne juge pas convenable d'exercer sa haute prérogative, chaque cinquième rentrant est bien réellement élu pour cinq ans. Mais aussi, dans le cas contraire, les quatre cinquièmes des Députés, quoique constitutionnellement élus pour cinq ans, ne le sont administrativement que pour un, deux, trois ou quatre. Je ne doute pas, en tout état de cause, que la nécessité de rectifier cette légère discordance entre la lettre et l'esprit, entre le droit et le fait, ne soit généralement reconnue; et puisque les deux dispositions sont littéralement incompatibles, et que, dans aucun cas, l'art. 5o ne peut être ni contesté, ni altéré, quelle meilleure occasion peut se présenter pour opérer le changement que j'indique, cette modification si puissamment réclamée par l'intérêt de la France, que celui d'une correction ?

Quelques personnes pourront arguer que ces deux articles littéralement inexacts, si l'on veut, s'établissent suffisamment par l'interprétation donnée jusqu'actuellement, et que cette décision *de fait* doit former la jurisprudence de la Chambre, de même que celle des tribunaux s'établit par l'interprétation donnée par les cours souveraines aux lois dont le texte offre quelque louche. Cette raison serait admirable si le remède n'était pas si près, et les cours souveraines elles-mêmes n'auraient pas recours à ces interprétations mutuelles si elles pouvaient faire intervenir la puissance souveraine, ce qui ne se peut pas toujours, et ne le doit que dans les cas extrêmement graves et rares. Mais ici, c'est de la puissance souveraine elle-même qu'il s'agit, et il doit paraître bien plus simple de voir les Chambres s'associer au législateur lui-même pour redresser et non pour interpréter une erreur (1).

---

(1) Je ne puis m'empêcher de témoigner ici mon étonnement de voir un des adversaires de cette mesure trouver une raison de son opposition dans les quatre mots dont il a fait le titre et presque tout le fond de son ouvrage : *Avez-vous des Institutions ?* Sans répondre formellement à cette question, et en admettant même que nous n'en eussions aucune, serait-ce une raison pour nous mettre hors d'état d'en avoir? En conservant une forme si peu favorable à la stabilité et au repos, il serait long et difficile de fonder des institutions. Comment les obtenir d'administrateurs aussi éphémères? Il faut donc trouver et adopter un mode qui leur assure une durée qui ne dépendra plus que de leurs talens; et sous ce point de vue, nous travaillons autant pour leurs rivaux que pour eux-mêmes. Que dirait donc l'auteur de cette brochure

Une fois le principe de septennalité établi et consacré comme utile aux intérêts de la monarchie, on peut en faire une application particulière à la Chambre même qui y aura concouru. Cette idée, je le crois, a déjà été soumise au public; mais elle m'avait frappé dès les premiers momens que je m'occupai de cette question. La Charte étant le point dont nous partons, le code politique qui nous régit, on pourrait penser que bien que le Roi et les Chambres réunies aient incontestablement le droit de modifier l'article de la Charte qui règle le renouvellement, la septennalité une fois établie, sera le seul mode légal, et l'article 37 actuel demeurera abrogé et remplacé par celui qui établira ce nouveau mode de renouvellement: nul doute; mais, à la rigueur, la Chambre des Députés qui aura coopéré à ce changement, était,

----

à un homme qui voulant cultiver des terres souvent dévastées par les eaux, et y bâtir tranquillement sa maison, commencerait par élever une forte digue contre le torrent? Lui dirait-il : *Avez-vous une maison et des terres en culture?* Certes, cet homme prudent pourrait lui répondre : « Non, « pas encore; mais une fois à l'abri du torrent, je ferai « comme en Hollande, je bâtirai et je cultiverai sans me « voir exposé à perdre le fruit de mes peines, et à recom- « mencer sans cesse. »

à son élection, régie par l'article 37 ; et les membres qui la composent n'ont réellement reçu de
pouvoir de la Charte que pour cinq ans. Ainsi il
paraîtrait, dans l'ordre des convenances et de la
loyauté française, que cette Chambre ne conser-
vât pas ses pouvoirs au-delà de cinq années :
l'honneur est tendre et se blesse de peu, elle pourrait craindre qu'on l'accusât d'une certaine usur-
pation de pouvoir, d'avoir agi dans son propre
intérêt en prolongeant une existence qui ne lui
avait pas été accordée : mais les Chambres subsé-
quentes se trouveraient légalement constituées
pour sept ans.

Les avantages que peut retirer un gouvernement, de cette forme parlementaire, sont trop
près de nous, pour que j'aie besoin d'insister sur
leur exemple. On connaît assez le rigoureux res-
pect des Anglais pour leur Charte, et cependant
elle n'avait établi qu'un Parlement annuel. Néanmoins de graves inconvéniens et de longs malheurs
leur ayant fait sentir la nécessité de faire céder la
lettre de la Charte au cri de l'expérience, il fut
successivement fixé à trois ans, puis enfin à sept,
tel qu'il l'est aujourd'hui ; et c'est depuis cette
époque que l'on a vu éclore les *Walpole*, les *Pitt*,
etc., dont les longues administrations ont jeté un
si grand éclat sur leur pays. Croit-on que cette

prévoyante et sage politique, qui, dans ses intérêts, a porté la puissance anglaise à un point
dont l'histoire ancienne n'offre ancune idée, qui
lui permet de suivre avec vigueur, rectitude et
persévérance, des plans que ses hommes d'État
ont tracés pour le bonheur ou l'agrandissement
de leur pays; d'étendre sa chaîne d'or de l'un à
l'autre hémisphère ; d'envelopper le globe entier
de son réseau commercial ; croit-on, dis-je, que
tous ces miracles eussent pu s'opérer sous l'administration chancelante et éphémère d'une foule
de ministres, dont les systèmes opposés eussent
sans cesse détruit ce que leurs prédécesseurs auraient commencé ? Ah ! cette fière et colossale
Albion n'eût jamais dicté ses lois, et porté ses
coutumes et son langage aux extrémités de l'u-
nivers, si sa constitution première et fondamen-
tale eût contenu de pareils germes de désordre.
Reléguée dans un coin du monde, indifférente
ou subordonnée aux puissances continentales,
elle n'eût peut-être été qu'un pygmée politique.

Je conclus donc que cette forme, qui d'ailleurs
a l'avantage de laisser à la couronne son droit de
dissoudre la Chambre des Députés, quand elle le
croit nécessaire, peut seule donner de la *fixité* à
une administration, de *l'ensemble* à un système
d'opérations, et mettre un terme, ou au moins

une digue à cette désolante et ruineuse nécessité de satisfaire si fréquemment tant de petites ambitions et de misérables cupidités ; enfin, exécuter ces plans à vue élevée et lointaine, qui supposent une longue *méditation*, et qui mûris dans le silence du cabinet demandent à être suivis avec *persévérance*.

Le moment est arrivé ; espérons que pénétrée de ces considérations qui ont dû la frapper depuis long-temps, la Législature se hâtera de coopérer à une mesure d'où dépendent le repos constant de la France et sa prospérité future.

———

P. S. C'est beaucoup, sans doute, que de parvenir à un bon choix de Députés, à une majorité royaliste, certaine, qui par ses principes et son union puisse assurer la stabilité du trône, et comprimer ou anéantir les funestes doctrines qui sont tour-à-tour les poisons ou les volcans de l'ordre social. Mais une Chambre n'est rien sans l'autre, et sans une franche coopération qui ne puisse laisser aucun doute de succès dans les mesures adoptées par l'une d'elles. Ce serait le cas, non de démontrer ici ce que tout le monde sait actuellement, mais d'énumérer tous les vices qui s'opposent au grand rôle que doit jouer, un jour, la

Chambre des Pairs en France. La discordance de ses élémens est celui qui a le plus frappé d'abord, mais qui cependant est le moins fatal : car il se borne, tout au plus, à l'existence des individus, et n'est en quelque sorte que *viager*. Les autres menacent d'être *perpétuels*, et sont d'une nature bien plus rebelle. Le temps seul et de grands efforts d'administration pourront retrouver ou fonder une véritable aristocratie en France. Comment donner une grande consistance territoriale à des gens ruinés? Un patronage influent, dans un pays où il n'existe plus ni vassaux, ni subordonnés? Perpétuer l'hérédité des grandes fortunes en faveur des titulaires, dans un pays qui admet l'égalité des partages? etc. L'instinct de ces assemblées aussi imprudentes que coupables qui ont tout renversé ne les a que trop bien servies. Elles n'ont employé que les dissolvans, tout désuni, tout pulvérisé. Quel édifice peut-on reconstruire avec ce sable sans liaison? Elles n'ont laissé en France que des individus en face du pouvoir; c'était la situation la plus favorable aux convulsions populaires et au despotisme : nous avons goûté de l'un et de l'autre. Quoi qu'il en soit de la manière de parvenir à un but aussi désirable, il existe au moins une mesure facile à prendre et qui n'est, pour ainsi dire, que réglementaire; mesure en quelque sorte, inséparable de la prérogative des pairs, et que tôt ou tard il faudrait lui rendre, je veux dire le *droit de procuration*, droit exercé par les pairs du royaume d'Angleterre, et connu chez eux sous le nom de *proxy*. Cette prérogative, comme on le sait, consiste dans le droit qu'a chaque pair de voter par procuration, en cas d'absence ou de maladie. Dans le moment où l'on cherche à établir tous les moyens de fixité dans le Gouvernement, celle des votes de la Chambre des Pairs ne doit pas être exposée aux effets d'une intrigue imprévue, qui, par des absences subites et inattendues, pourrait obtenir une majorité factice et faire avorter ainsi un budjet ou une loi importante. Plus une pareille Chambre renfermerait de gens à talents dévoués au Roi , plus il deviendrait dangereux de les employer pour le bien de l'Etat, dans la crainte d'affaiblir ou de compromettre une majorité indispensable. Cette mesure me paraît désirable, je me borne à l'indiquer ici, et à la soumettre au jugement de ceux qui peuvent en connaître.

De l'Imprimerie d'A. EGRON, rue des Noyers, n° 57.